Schwanfelder
Weihnachten

Werner Schwanfelder
Weihnachten
Nach einer wahren Geschichte

Patmos Verlag

VERLAGSGRUPPE PATMOS

**PATMOS
ESCHBACH
GRÜNEWALD
THORBECKE
SCHWABEN
VER SACRUM**

Die Verlagsgruppe
mit Sinn für das Leben

Die Verlagsgruppe Patmos ist sich ihrer Verantwortung gegenüber unserer Umwelt bewusst. Wir folgen dem Prinzip der Nachhaltigkeit und streben den Einklang von wirtschaftlicher Entwicklung, sozialer Sicherheit und Erhaltung unserer natürlichen Lebensgrundlagen an. Näheres zur Nachhaltigkeitsstrategie der Verlagsgruppe Patmos auf unserer Website www.verlagsgruppe-patmos.de/nachhaltig-gut-leben

Alle Rechte vorbehalten
© 2023 Patmos Verlag
Verlagsgruppe Patmos in der Schwabenverlag AG, Ostfildern
www.verlagsgruppe-patmos.de

Umschlaggestaltung: Finken & Bumiller
Satz: Schwabenverlag AG, Ostfildern
Druck: GGP Media GmbH, Pößneck
Hergestellt in Deutschland
ISBN 978-3-8436-1480-1

Inhalt

Die Weihnachtsgeschichte   7

Was vorher geschah   8
Die Reise nach Betlehem   24
Die Geburt   31
Eine unruhige Nacht   35
In einem fernen Reich   44
Drei Könige aus der Ferne   48
Flucht nach Ägypten   57
Was danach geschah   62

Die Weihnachtsgeschichte

Zu süß und zu einfach klingt die Geschichte.
Von einem Baby in der Krippe auf die Menschwerdung Gottes zu schließen, ist durchaus
ein kühner Gedanke. Gerade deshalb ist es
wichtig, die Weihnachtsgeschichte immer neu
zu erzählen.

Die Komposition der Geschichte wird in
diesem Buch geöffnet und in neuen Sätzen,
neuen Worten zusammengesetzt. Keine langen
Konstruktionen dominieren, sondern einfache,
teilweise abgebrochene, unvollständige Wortverbindungen. Daraus entsteht ein neues Gefühl
beim Lesen und beim Zuhören.

Die Weihnachtszeit kann Gelegenheit sein,
diese neu formulierte Weihnachtsgeschichte
in der Familie oder im Freundeskreis in flottem
Sprechtempo vorzulesen und in Ruhe in sich
aufzunehmen. Ich wünsche mir, dass der
Stil dieser Geschichte dazu beiträgt, ihren bedeutungsvollen Inhalt präsent zu halten.

Werner Schwanfelder

Was vorher geschah

Es geht um Maria.
Eine junge Frau.
Hübsch anzusehen.
Lächeln.
Erwartungsvoll.
Als dies geschah,
Was geschrieben steht,
Saß sie in einer Stube.
Flickte alte Laken
Voller Risse.
Wegwerfen galt nicht.
Ausbessern.
Reparieren.
Wiederverwenden.
Immer mehr Risse.
Recyceln.
Alleine.
Sie war alleine.
Konzentrierte sich auf das Laken.
Schrak hoch.
Zutiefst erschrocken.
Gesicht verzerrt,

Falten auf der Stirne.
Angst.
Weil da jemand stand.
Ein Jemand.
Ohne dass sich die Tür geöffnet hatte.
Sie hätte es hören müssen,
Denn die Türangeln quietschen
Laut.
Irgendjemand muss sie ölen.
Aber nichts hatte gequietscht.
Also hatte auch niemand die Tür geöffnet.
Geräuschlos.
Wie von Geisterhand
Stand ein Jemand neben ihr.
Sie sah auf.
Sah diesen Jemand,
aber erkannte ihn nicht.
Gesichtslos.
Die Kleidung hell.
Fast brennend.
Durchscheinend.
Ein Körper war zu erkennen
In Körperlosigkeit.
Er sprach.

»Sei gegrüßt.«
Maria fragte, wer er sei.
Er hatte sich nicht vorgestellt.
Unhöflich.
Nun Gemurmel.
Es klang wie: »Du verstehst dies nicht.«
Ohnehin nicht.
Das kannst du schon mir überlassen,
Dachte Maria.
Aufmüpfig.
»Wer bist du?«
»Ein Engel.« Sagte der Jemand.
Verarschung.
Wer glaubt heute noch an Engel?
Maria jedoch wunderte sich.
Sie wunderte sich, weil sie ihm glaubte.
Also doch Engel.
In weißen Gewändern.
Wo sind die Flügel?
Benötigen Engel Flügel?
Sie hatte noch nie darüber nachgedacht.
Irgendwie hatte sie keine Zweifel.
Leichtgläubig vielleicht.
Eine Selbstverständlichkeit.

Sie überlegte,
Warum Engel immer männlich sind.
Gibt es keine weiblichen Engel?
Engel erschrecken die Menschen.
Wie Männer.
Engel sind auch gütig.
Wie Frauen.
Welche Aufgabe haben Engel?
Nachdenken.
Sie mustert den Engel.
Und nun?
Muss etwas geschehen.
Die Handlung geht weiter.
Weiter.

Der Engel behauptet,
Dass er von Gott komme.
Von Gott geschickt wurde.
Er fügt hinzu:
Das bedeutet:
Gott ist jetzt bei uns.
Jetzt.
Gott, wie siehst du aus?
Er hört zu.

Sei gesegnet.
Gut. Aber was willst du, Herr Engel?
Der Herr ist mit dir.
Aber das weiß ich doch. Er ist immer bei mir,
Sagt Maria.
Eine Selbstverständlichkeit.
Das kann doch nicht alles sein.
Deine Botschaft?
Gott schenkt dir seine Gnade.
Maria nickt.
Das hat sie erwartet.
Daran glaubt sie.
Ich bin folgsam, bete regelmäßig, spende Kerzen,
   halte die Gebote.
Da habe ich doch ein Anrecht auf seine Gnade.
Oder nicht?
Falten auf der Stirne.
Du hast eine schlechte Nachricht?
Du willst mich vorbereiten auf eine schlechte
   Nachricht?
Angst.
In der Anwesenheit Gottes kann man durchaus
   Angst haben.
Wer weiß, wie Gott reagiert?

Habe ich etwas verbrochen?
Was angestellt?
Einen Fehler gemacht?
Du wirst schwanger werden,
Sagte der Engel.
Sie sah ihn an.
Aber sie konnte seinen Gesichtsausdruck nicht
  erkennen.
Engel haben kein Gesicht.
Auch wenn sie männlich sind.
So zeigen sie keine Regung.
Kein Bedauern.
Keine Freude.
Und ich, Maria, ich?
Falten auf der Stirne.
Soll ich mich freuen?
Oder mich bedauern?
Zweifel.
Das kann nicht sein.
Noch nicht bemerkbar.
Sie fühlte sich in der letzten Zeit
Übel.
Schlecht.
Saucübel.

Keine Ahnung, woher das kam.
Schwanger?
Nein, das konnte nicht sein.
Sie hatte keinen Verkehr,
Keinen Sex.
Niemand hatte sie berührt.
Auch nicht geküsst.
Wie entstehen Kinder?
Schon mit dem Kuss?
Mit Handauflegen?
Es gab da einen jungen Mann.
Aber er hatte sie nicht angefasst.
Mal die Hände ineinandergelegt.
Nur flüchtige Berührungen.
Aber sie waren verlobt.
Was immer das heißt.
Die Eltern hatten bestimmt:
Ihr beide sollt miteinander sein
Für das weitere Leben.
Sie hatten genickt.
Nicht mitbestimmt.
Sie waren stimmenlos.
Aber folgsam.
Gehorsam.

Hatten sich kurz gesehen,
  angesehen,
  mit Abstand.
Da kann nichts geschehen,
Nichts entstehen.
Kein Embryo.
Trotzdem: sauschlecht.
Nun muss man genau hinhören:
Sagte der Engel: ›Du bist schwanger‹?
Oder ›Du wirst schwanger werden‹?
Welche Rolle sollte das spielen?
Ob gestern, heute oder morgen:
In neun Monaten liegt der Beweis vor.
»Du wirst einen Jungen zur Welt bringen.«
Ein Junge!
Gut.
Eigentlich hätte mich ein Mädchen gefreut.
Aber Junge ist auch gut.
Die meisten Menschen freuen sich mehr über
  einen Jungen.
Jungen sind mehr wert.
Wie viel ist ein Mensch wert?
Hurra, ein Junge.
Er wird zu Großem bestimmt sein.

Was meinst du damit?
Eine Prophezeiung.
Vielleicht.
Aber was soll ich damit anfangen?

Sie legt das Laken zur Seite.
Sieht den Engel an, der etwas abgerückt ist.
So kann sie seine Gestalt mustern.
Er ist eher klein als groß.
Das hat bei Engeln nichts zu bedeuten.
Engel definieren sich nicht über ihre Größe.
Engel drücken keine Werte aus.
Es gibt keinen Spielraum für Interpretationen.
Sie sind ja nur Boten.
Aber dann fügt er hinzu,
was dem Fass den Boden ausschlägt:
Er wird Sohn des Höchsten genannt.
Er wird auf dem Thron seines Vorfahren David
    sitzen.
Er wird König sein.
Er wird über die Nachkommen Jakobs regieren.
Stopp. Aufhören.
Naja.
Ungläubig.

Hat der Engel dem Alkohol zugesprochen?
Ist er beschwipst?
Die Ansage passt nicht.
Passt nicht zusammen.
Ich bin nicht schwanger.
Wie kann das geschehen?
So ganz gegen jede Biologie?
Die Wissenschaft hat recht.
Glauben oder wissen?
Bin gespannt, was Josef zu dieser Geschichte sagt.
Wie soll ich ihm dies alles erklären?
Falls ich gebäre …
Gebäre ich einen König.
Abstrus.
Unvorstellbar.
Verzieht das Gesicht.
Ein Scherzbold.
Wir haben bereits einen König.
Der verlangt Steuern.
Wir brauchen keinen zweiten König.
Ich bin kein Nachkomme Davids.
Ich glaube nicht, dass in mir Davids Blut fließt.
Jedoch, um ehrlich zu sein, kenne ich meinen
    Stammbaum nicht.

Habe mich noch nie damit beschäftigt.
Wer waren meine Vorfahren?
Der Engel schüttelt den Kopf.
Entrüstet.
Versucht sich in Autorität.
Überzeugen wollend.
Frau, du solltest mir glauben.
Die Frauen sind immer so widerspenstig.
Kopfschütteln.
Es ist einfacher, einem Mann etwas klarzumachen.
Er versteht schneller,
Könnte man meinen.
Aber ein Mann wird nicht schwanger.
Deshalb braucht Gott die Frauen.
Deshalb hat er nach Adam auch Eva gemacht.
Er wusste schon, warum.
Warum eigentlich?
Ich habe über diese Frage noch nicht nachgedacht.
Die Frauen haben in meiner Welt keine Rechte,
Werden unterdrückt.
Sie sind Besitz ihrer Männer.
Soll ich mich dagegen auflehnen?
Also gut, nehmen wir einmal an …
Dass ein Kind in mir schlummert.

Dass mein Kind ein Sohn wird.
Dass er König wird.
Und ich König-Mutter.
Dann muss er den Frauen mehr Rechte geben.
Quatsch.
Sohn ist gut und ausreichend.
Nicht übertreiben.
Muss nicht gleich noch König sein.
Wie soll ich das Josef erklären?
Engel, kannst du denn nicht mit Josef sprechen?
Du und Gott haben mir das eingebrockt.
Der Heilige Geist macht dich schwanger,
Sagt der Engel.
Er wird dies bewerkstelligen.
Maria befürchtet, dass die anderen Menschen,
　die Nachbarn,
　ihre Freunde,
　glauben, dass sie Sex vor der Ehe hatten.
Das ist nicht auf die leichte Schulter
　zu nehmen.
Dein Sohn wird heilig sein.
Maria überlegt sich, wie sie den Engel
　loswerden kann.
Sie will ihn nicht hinauswerfen.

Wenn er Engelseigenschaften besitzt,
    kann man sich
Ohnehin nicht wehren.
Nicht freikaufen.
Die Welt ist, wie sie ist.
Man muss sich damit arrangieren.
Daher nickt Maria ganz heftig.
Nicken.
Nicken.
Es soll geschehen, wie du sagst.
So hat sie zitternd gesprochen.
Das ist keine Beleidigung.
Der Engel behält recht.
Und Maria wird erleben, was zu erleben ist.
Das wird noch spannend werden.
Ihr ist übel.
Sehr übel.
Sauübel.
Vermutlich ist sie schwanger.
Ja, so muss es sein.
So muss es sich anfühlen.

Nun ist der Engel verschwunden.
Er hat sich aufgelöst, entmaterialisiert.

Die Türangel hat nicht gequietscht.
Er ist also nicht durch die Türe getreten.
Das ist schon eigenartig.
Maria wird sich das Geschehen merken.
Und die Worte.
Aber nichts erzählen.
Auch Josef nicht?
Keine Ahnung.
Die Geschichte glaubt ohnehin niemand.
Wie soll man etwas erzählen, was niemand glaubt?
Ungläubig.
Aufschneider.
König? Heiliger?
Du spinnst ja.
Das hat der Engel gesagt.
Du hättest den Engel fotografieren sollen.
Dann könnte man glauben.
Oder auch nicht.
Alles hat seine Grenzen.

Maria nimmt das Laken in die Hand.
Sie näht langsam,
mit wenigen Stichen,
ein Loch zu.

Später wird es heißen: von einer Jungfrau geboren.
Darüber diskutiert die Menschheit.
Auch Wissenschaftler.
Historiker.
Linguisten.
Ein Übersetzungsfehler?
Nur eine Metapher?
Keiner hat eine Antwort.
Jedenfalls keine mit Gewissheit.

Maria lebt den Tag.
Alltag.
Jedoch belastet mit vielen Gedanken.
Wie geht es weiter?
Sie will sich austauschen. Reden.
Aber mit wem?
Ihr fällt Elisabet ein, eine Freundin.
Aus der Verwandtschaft.
Auch sie ist schwanger.
Obwohl sie als unfruchtbar galt.
Irgendwie ein ähnliches Schicksal.
Oder auch nicht.
Man könnte sagen, die Ärzte haben sich geirrt.
Fehldiagnose.

Dennoch merkwürdig.
Maria denkt, dass ihre Freundin sie verstehen kann.
So besucht sie sie.
Kaffee und Kuchen.
Käsekuchen.
Ein Spezialrezept von Elisabets Großmutter.
Maria kann den Käsekuchen nicht genießen.
Ängstlich sieht sie Elisabet an.
Sie fragt nichts.
Deshalb ist es bemerkenswert,
Dass Elisabet klar und deutlich ausspricht:
Du bist schwanger.
Du trägst den Höchsten in dir.
Nun ja, Maria hatte dies noch nie ausgesprochen.
Sie hätte es als Anmaßung empfunden.
Vielleicht zweifelte sie noch.
Vielleicht wollte sie sich aber einfach mit den
    Realitäten arrangieren.
Es kommt, wie es kommen soll.

Ein Vierteljahr blieb Maria bei Elisabet.
Danach kehrte sie heim.

Die Reise nach Betlehem

Priester, König, Kaiser.
Der Kaiser ist der Höchste.
Ein Augustus.
Er wollte Auskunft.
Wenn ein Kaiser einen Wunsch hat,
Eilen viele Menschen,
Hasten sie,
Springen sie,
Überschlagen sich,
Um dem Kaiser seinen Wunsch zu erfüllen.
Wie viele Untertanen habe ich eigentlich?
Fragte der Kaiser.
Eine gute Frage.
Von dieser Zahl hängen die Steuereinnahmen ab.
Und vielleicht das Budget für das Militär.
Auch der eigene Stolz.
Je mehr Untertanen, desto stolzer.
Seine Bürger sind jedoch nicht nur Fans.
Auch Kritiker.
Der Staat ist keine Demokratie.
Das dauert noch Jahrtausende.
Dann kann jeder sagen, was er will.

Er kann beschuldigen, verleumden.
Besonders laut sind die Feinde der Demokratie
In der Demokratie.
In Dresden gehen Menschen spazieren,
　　die lauthals bekunden,
Dass sie nichts sagen dürfen.
Am nächsten Tag steht es in der Zeitung.
Das war in Jerusalem nicht möglich.
Unter Augustus: keine Demokratie.
Er befahl, die Untertanen zu zählen.
So wurde es durchgeführt.
Eine große Aufgabe in einem Weltreich.
In Syrien und Israel musste Quirinius
　　die Zählung durchsetzen.
Er war Statthalter.
Häufig ein angenehmer Job.
Manchmal auch nicht.
Die Zählung hätte nicht sein müssen.
Nach welchen Regeln zählt man?
Eins, zwei, drei …
Ja, das ist klar.
Listen müssen her.
Steuerlisten.
In diesen sind alle Bürger aufgeführt,

Geordnet nach Geburtsort.
Also, jeder begebe sich in den Ort seiner Geburt.
Nur gut, dass es Übersee noch nicht gab,
    Australien, Neuseeland, die Galapagosinseln.
Aber das römische Reich war natürlich
    auch nicht klein.
Es wurden jede Menge Zähler gesucht.
Freiwillige vor.
Der Job wurde nicht sehr gut bezahlt.
Und die Menschen murrten ohnehin.
Aber das Wort des Kaisers zählt.
So begann eine kleine Völkerwanderung.
Jeder musste zum Ort seiner Geburt.
Dort stand sein Name in den Listen.
Natürlich nur die Männer.
Nur die Männer wurden gezählt.
Die Frauen sind eben nur Frauen.
Nicht einmal Untertanen.
Aber sie mussten mit.
Konnten die Männer nicht alleine reisen?
Keine Ahnung.
Die Römer arbeiteten ihr System ab.
Auswirkungen.
Jede Menge.

So machte sich auch Josef aus Nazaret auf.
Er war in Betlehem geboren.
Sein Ziel.
Schöne Stadt.
Er schnürte die Stiefel.
Und Maria musste auch packen.
Die aber war schwanger.
Übel.
Schlecht.
Saiübel.
Aber der Kaiser kennt keine Rücksicht.
Ausnahmegenehmigung?
Gibt es im römischen Reich nicht.
Macht euch auf.
Sputet euch.
Sie mussten die Strecke laufen.
Keine Kutsche, kein Pferd. Kein Esel.
Die Taxen und Mietwagen konnten sie nicht bezahlen.
Josef, ich bin müde.
Josef, ich kann nicht mehr.
Josef, hast du was zu trinken?
Josef, lass uns kurz ruhen.
Josef konnte »Josef« nicht mehr hören.

Aber er stützte seine Frau.
Sie war ja hochschwanger.
Mit einem Kind, das nicht von ihm war.
Ein Engel hatte ihn bedrängt, das Kind anzunehmen.
Er zögerte.
Was hat sie mir untergeschoben?
Engel, kannst du dich verbürgen?
Ihr Engel seid für mich keine Sicherheit.
Aber er war gutmütig.
Und Maria tat ihm leid.
Was immer geschehen war,
Er hätte es Maria nicht zugetraut.
Einen Seitensprung.
Vielleicht wurde sie vergewaltigt.
Man weiß doch: MeToo.
Niemand kann in die Menschen hineinsehen.
Gutmütig.
Er erfüllte ihr jeden Wunsch.
Ein kleines Stück des Wegs trug er sie sogar.
Aber diese eineinhalb Menschen wiegen
  auf die Dauer schwer.
Maria, du musst selbst laufen.
Sie durften sich auf den Wagen eines Händlers
  setzen.

Der nahm sie einige Kilometer mit.
Der Wagen war voller Kürbisse.
Vielen Dank. Vielen Dank.
Wollt Ihr einen Kürbis mitnehmen?
Nein, den müssen wir doch tragen.
Maria mag keinen Kürbis.
Es wird ihr immer schlecht.
Übel.
Sauübel.
Hurra.
Ich sehe die Stadt.
Das ist Betlehem.
Auch ihm schmerzten die Füße.
Langsam schlurften sie in die Stadt hinein.
Gehen kann man das nicht nennen.
Auch nicht Marschieren oder Laufen.
Nur Schlurfen.
Wir suchen uns jetzt ein Zimmer.
Dann ruhen wir.
Ich will den ganzen Tag schlafen.
Am Eingang zur Stadt sahen sie bereits
  am ersten Gasthaus ein Schild.
»Ausgebucht«
Kein Platz. Kein Bett. Kein Stroh.

Es waren aus dem ganzen Land Menschen
   nach Betlehem gekommen.
Alle Hotels ausgebucht.
Hätte man bereits vor der Abreise buchen sollen:
   hotels.com
Daran hatten sie nicht gedacht.
Scheiße.
Sie setzten sich an den Randstein.
Vielleicht finden wir ein Privatquartier.
Josef klopfte an viele Türen.
Die meisten öffneten gar nicht.
Andere lachten. Ihr seid spät dran.
Die Stadt ist voll.
Kein freies Bett.
Und ein Sofa?
Nun ja, auf dem Sofa sitzen wir selbst.
Zusammenrücken.
Wir haben schon zwei Familien aufgenommen.
Der Kaiser ist schuld.
Beschwert euch beim Kaiser.
Klopf, klopf.
Josef gab nicht auf.
Man muss durchhalten im Leben.

Die Geburt

Endlich hatte ein Mensch Erbarmen.
Jedenfalls ein klein wenig.
Ihr könnt in meinem Stall übernachten.
Da gibt es zumindest Stroh.
Dort. Er wies in eine Richtung.
Und dann um die Ecke.
Weiter.
Und links.
Sie erreichten den Stall.
Eigentlich geräumig.
Nur ein Ochse und ein Esel standen darinnen.
Glotzten sie an.
Schnaubten.
Auch sie wollten die Zwangseinquartierung
    nicht akzeptieren.
Aber Tiere haben nichts zu sagen.
Sie wurden auch nicht gezählt
Im römischen Reich.
Maria sank auf das Stroh.
Der Esel musste weichen, Platz machen.
Missmutig.
Erschöpft.

Vielleicht ein bisschen schlafen.
Ausruhen.
Plötzlich:
Josef, es kommt.
Es ging auf Mitternacht zu.
Josef kniete neben seiner Frau.
Hoffentlich geht alles gut.
Er schrie Gott an.
Schick uns doch einen Engel, der die Geburt einleitet.
Ich weiß nicht, wie man das macht.
Ich kann mich an meine Geburt nicht mehr erinnern.
Schmerzen.
Maria stöhnte.
Pressen.
Ja, das sagt man.
Maria schrie.
Schmerzen.
Pressen.
Schweiß auf dem Gesicht.
Das Stroh sticht.
Ich sehe etwas.
Alles entwickelte sich gut.

Der Kopf wurde sichtbar.
Pressen.
Weiter.
Oh, große Schmerzen.
Ich halte es nicht mehr aus.
Schmerzen.
Dann lag das Kind,
Das nackte Etwas,
Auf dem Tuch, auf dem Stroh.
Voller Schleim.
Maria seufzte.
Das Etwas schrie.
Josef packte es.
Alles in Ordnung.
Er nahm ein Messer und trennte die Lebens-
  schnur ab.
Woher er das wusste?
Einmal gesehen.
Auf YouTube.
Das Etwas lag nun auf ihrer Brust.
Mütter sind in diesem Augenblick immer glücklich.
Und erschöpft.
So auch Maria.
Aber auch Josef.

Sie wickelten das Kind in ein Tuch.
Aber es war nicht kalt in dieser Nacht.
Ein lauer Wind zog durch den Stall.
Er heißt Jesus,
Sagte Maria.
Warum Jesus?
Ich dachte an Xaver oder Friedrich,
    auch Kevin fände ich schön.
Ich habe dem Engel versprochen,
    dass er Jesus heißt.
Was hat denn der Engel zu sagen?
Josef ärgerte sich.
Aber, wie gesagt,
er war sehr gutmütig.
Dann eben Jesus.
Ich kann mich an jeden Namen gewöhnen.
Sie wickelten das Kind in Windeln
Und legten es in die Futterkrippe.
Denn sie hatten in der Herberge keinen Platz
    gefunden.
Neugierig blickten der Esel
Und der Ochse
In ihre Krippe.
Ob sie verstanden hatten?

Eine unruhige Nacht

Nacht.
Dunkel, dennoch mit einem hellen Schein.
Sterne, einer davon besonders mächtig.
Über dem Stall.
Wie fest installiert.
Vielleicht strombetrieben.
Merkwürdig hell.
Eben der helle Schein.
In der dunklen Nacht.
Hirten auf den Feldern.
Bei den Herden.
Sie lassen die Herden niemals alleine.
Noch nie.
Auch nicht während der Nacht.
Auf keinen Fall während der Nacht.
Die Hirten sitzen
Auf einem Stein. Auf einem Holzbalken.
Dösen vor sich hin.
Die Lämmer sind ruhig.
Aber doch in Bewegung.
Ab und zu ein verschlafenes Blöken.
Nichts Ungewöhnliches.

Eine Nacht wie immer.
Keine Aufregung.
Am Rand der Wiese wird es hell.
Wie ein Strich am Horizont,
Der sich ausbreitet,
Ein heller Schein.
Komisch.
Sonst ist es dort dunkel.
Der Schein wird heller.
Die Hirten staunen.
Sehen. Ansehen.
Helle Männer treten aus dem Lichtschein.
Ihnen entgegen.
Männer in hellen Gewändern.
Jedenfalls leuchten sie.
Die Hirten ängstigen sich.
Ihre Hunde verkriechen sich.
»Fürchtet euch nicht«,
Sagen die hellen Männer.
Sie bekunden, Engel zu sein.
Kann man leicht sagen.
Niemand hat je zuvor einen Engel gesehen.
Daher gibt es keine Erfahrung.
Man kann den Wahrheitsgehalt nicht feststellen.

Es gibt keine zuverlässigen Quellen.
Sind das Engel,
Die sich Engel nennen?
Jedenfalls helle Gestalten.
Ihre Gesten lassen sie friedlich erscheinen.
Angst zurück.
Keine Angst!
»Wir bringen gute Nachrichten.«
Staunen. Zuhören.
Man erfährt als Hirte meistens keine guten
    Nachrichten.
Meistens erfahren die Hirten nichts.
Nichts, was auf der Welt geschieht.
Sie sind nur Handlanger.
Stehen im Dienst der Oligarchen.
»Euer Retter ist geboren.«
Wer soll das sein?
Ein neuer Oligarch?
Retter, Fürst, Helfer, Tröster.
Was nun?
Retter.
Was, ein Kind?
In einer Krippe?
Ihr übertreibt.

Das kann man nicht glauben.
Ein Retter muss in einem Steinhaus geboren werden.
Aus einem Futtertrog heraus kann man nichts und niemanden retten.
Auf keinen Fall die Menschheit.
Verlierer.
Die Hirten stehen da.
Unschlüssig.
Wissen nicht, was sie sagen sollen.
Denken nach.
Schweigen.
Kein Wort.
Und plötzlich wird das Licht größer,
Heller,
Umfassender,
Den ganzen Himmel einnehmend.
Die Engel und das himmlische Heer.
Wer ist das?
Ein himmlisches Heer.
Schwere Waffen?
Leopard 2?
Oder Pfeil und Bogen?

Habe noch nie von einem himmlischen Heer gehört.
Aber Helligkeit.
Alles ist gleißend hell.
Und irgendwie
Von irgendwoher
Mit irgendwelchen Instrumenten
Ertönt Musik.
In der Musik versteckt sich eine Botschaft.
Die Hirten hören sie.
Verstehen sie.
Der Retter ist geboren.
Lebt in Gottes Herrlichkeit.
Bringt Frieden auf die Erde.
Und Liebe.
Eine neue Welt beginnt.
Es ist wie ein Himmelreich auf Erden.
Die Hirten glauben, verstanden zu haben.
Vielleicht wird die Menschheit doch errettet.
Sprachlos.
Aber im Herzen überzeugt.
Sie stehen fest entschlossen.
Los, auf. Ermuntern einander.
Wir gehen.

Wir sehen nach.
Wir wollen wissen,
Was es mit dem Kind auf sich hat.
Sie lassen sogar die Schafe im Stich.
War das richtig?
Sollen die Engel aufpassen.
Man muss Prioritäten setzen.
Entschlossen
Vorwärts.
Sie kommen von allen Feldern.
Haben alle die gleiche Entscheidung getroffen.
Nachfolge.
Treffen sich auf der Landstraße.
Sie führt nach Betlehem.
Der Stall liegt vor der Stadt.
Vor dem Ortsschild.
Erst hinter dem Stall beginnt Betlehem,
Um genau zu sein.
Dann standen sie um den Stall herum.
Viele Männer.
Es gab keine weiblichen Hirten.
Keine Gleichberechtigung.
Knorrige Gestalten
Mit Schaufeln und Stöcken in den Händen.

In Felle gekleidet.
Mit klobigen Schuhen.

Sie stehen und warten.
Still, nur räuspern.
Bis einer die Türe öffnet.
Und sie sehen.
Erkennen
Maria und Josef und das neugeborene Kind,
Das in der Futterkrippe liegt.
Einige drängen in den Stall.
Wollen das Kind aus der Nähe sehen.
Halten dennoch Abstand.
Höflich.
Schüchtern.
Sie berichten,
Was die Engel gesagt hatten.
Der Heiland sei geboren worden.
Maria hört nur zu.
Merkt sich ihre Worte.
Allmählich ergibt dies alles einen Sinn.
Die Hirten zeigen sich bewegt.
Sie geben, was sie mit sich tragen.
Ein Brot mit Speck.

Eine Schaufel.
Eine Felldecke.
Manche können nichts geben.
Die Hirten im Stall treten zur Seite,
Dass andere nachrücken können.
Es sind ihrer viele.
Zehn, zwanzig, einundzwanzig.
Dreiundzwanzig.
Sie kehren um.
Einer nach dem anderen.
Machen sich auf den Rückweg
Entlang der Landstraße.
Dann hinein in die Felder.
Zu den Herden, zu den Schafen.
Die Tiere stehen eng beisammen.
Behütet von den Engeln.
Kein Tier ging verloren.
Kein Wolf riss eines der Tiere.
Sie stehen beisammen.
Auf den Feldern.
Bei den Schafen.
Die Hunde zu ihren Füßen.
Der eine und der andere entzünden eine Pfeife.
Inhalieren den Rauch.

Sie reden leise.
Berichten.
Erzählen.
Überlegen, was es bedeuten könnte.
Keine Antwort.
Aber sie werden das Kind nie vergessen.
Ihre Gesichter lächeln.

Auf den Feldern, bei den Hirten
breitete sich der Friede der Welt aus.
Er überschrieb jeglichen Hass und
    jegliche Missgunst.
Der Friede der Welt glänzt in aller Schönheit.
Die Geburt der Liebe.
Ihre Gesichter lächeln.

In einem fernen Reich

Es war des Nachts,
Als den Kaiser eines fernen Reiches
    eine sonderbare Vision heimsuchte.
Ein Gott sei auf die Erde gekommen.
Unruhiger Schlaf.
Er wälzte sich hin und her
Auf seinem Lager.
Hoffte auf den Tagesanbruch.
Am Tag war alles realistischer.
Glaubhafter.
Aber diese Vision blieb bestehen.
Auch am Tag.
Da wusste er mit aller Gewissheit,
    dass diese Vision eine Wahrheit war.
Ein Gott ist auf die Welt gekommen.
Die Vision ließ ihn nicht los.
Welche Bedeutung hatte sie?
Die Vision verriet keine Details,
Keine Ausführungsrichtlinien.
Er grübelte.
Welcher Gott?
In welcher Gestalt?

An welchem Ort dieser Welt
Wird dieser Gott sichtbar werden?
Welche Bedeutung hat dieser Gott?
Man muss wissen, dass es zu dieser Zeit
Auf dieser Welt
Bereits viele Götter gab.
Der Kaiser ließ seine Ratgeber kommen.
Menschen voller Weisheit.
Ausgewählte.
Weise.
Sie versammelten sich alle in der Halle
   der Weisheit.
In dieser Halle
Residierte der Geist aller königlichen Vorfahren.
Die Ratgeber konzentrierten sich
Auf das Wesentliche,
Auf die Vision:
Ein Gott sei auf die Welt gekommen.
Für eine Weile hörte man die Stille der Gedanken.
Die meisten Gedanken bleiben stumm.
Immer.
Irgendwann setzte ein Gemurmel ein,
Das an Lautstärke zunahm.
Den weisen Männern und Frauen gelang es nicht,

Eine gemeinsame Aussage
Zu formulieren.

Da auch der Kaiser sehr weise war,
Gab er sich nicht mit den Debatten seiner
 Weisen zufrieden,
Sondern beschied.
Wenn man nicht genug Wissen, Erfahrung hat,
Um entscheiden zu können,
Also keine Entscheidung möglich ist,
Muss man sich neues Wissen,
Mehr Erfahrung
Aneignen.
Dann kann man später vielleicht
Entscheiden.
Daher schlug der König vor,
Die intelligentesten Weisen des Reiches,
Drei an der Zahl,
Sollten losziehen,
Den Gott suchen,
Ihn finden.
Den Gott ehren.
Den Gott ehrerbietig in ihr Reich holen.

Für Gott muss man
   investieren.
Dann kann man sich auf Gott verlassen,
Erklärte der weise König.
Ohne Investment kein Wissen.
Von diesen drei Weisen werden wir bald hören.

Drei Könige aus der Ferne

Es gab schon einen König.
Herodes.
Er regierte in Jerusalem.
Zepter. Krone. Thron.
Alles vorhanden.
Gold natürlich.
Als König ist man reich.
Man kann sich an den Steuereinnahmen bedienen.
Korruption.
Den Begriff gab es damals noch nicht.
Aber Korruption gab es schon.
Geld floss in die Kasse des Königs.
Von allen Seiten.
Besucher aus der ganzen Welt wurden vorstellig.
Manager und Fürsten, Bankiers und
    Wissenschaftler.
Sie wollten mit dem König Geschäfte machen.

Eines Tages kamen Sterndeuter in Jerusalem an.
So wird berichtet.
Leider wurden keine Fotos gemacht.
Sie waren wichtige Leute.

Priester, die sich mit Sternenkunde
 und Astrologie befassten.
Berater von Kaiser und Königen.
Jedenfalls Weise.
Sie hatten den Sternen entnommen,
 dass ein König geboren sei.
Ihr Kaiser,
Ein sehr weiser Kaiser, hatte sie geschickt,
Den Dingen auf den Grund zu gehen.
Für Gott müsse man investieren.
Nur dann könne man sich auf Gott verlassen.
So hatte der weise Kaiser erklärt.
Ohne Investment kein Wissen.
Sie waren viele Tage und Wochen gereist,
Waren einem Stern gefolgt wie einem Kompass.
In größter Hitze.
Mitten durch einen Sandsturm.
Sie hatten sich durchgekämpft.
Überlebt.
Nun befand sich der Stern vor ihnen.
Groß und mächtig.
Sie erkannten, dass sie ihr Ziel erreicht hatten.
Gott sei Dank.
Wo findet man den neugeborenen König?

Natürlich im Königshaus.
So klopften sie an die Tür des Palastes.
Sie wurde geöffnet.
Der König fragte nach ihrem Begehr.
Sie wollten seinen Sohn verehren.
Herodes: überrascht.
Kein Sohn.
Neugeboren?
Er ließ seine Frauen kommen.
Fragte nach.
Sie schüttelten die Köpfe.
Im Palast kein Babygeschrei.
Ihr habt das falsch interpretiert.
Kein neuer König.
Nur ich,
Herodes.
Die Sterndeuter glaubten an ihre Sterne.
Einer ist im Osten aufgegangen.
Das ist der Stern des Königs.
Nickten.
Ihre Worte klangen überzeugend.
Herodes: verunsichert.
Kopfschütteln.
Stirnrunzeln.

Nichts anmerken lassen.
Herodes erschrak.
Und mit ihm ganz Jerusalem.
Alle Diener und Oligarchen.
Alle Huren und Soldaten.
Alle Kaufleute und Bettler.
Weil alle vom König abhängig waren.
Von seinen Brosamen.
Ganz Jerusalem profitierte vom König.
Daher ist ein neuer König
Eine Gefahr.
Vielleicht auch eine Chance?
Nein, nicht für uns.

Herodes holt seine Berater zusammen.
Vorwürfe.
Schreie.
Für was bezahle ich euch, wenn ihr
    nicht einmal wisst,
Dass ein neuer König geboren wird?
Kleinlaut.
Einer zeigt Mut.
Du hättest uns fragen können.
Dann hätten wir dir gesagt, was in der Bibel steht.

Der Messias kommt aus Betlehem in Judäa.
So steht es bei den Propheten.
In der Bibel steht viel.
Warum soll sich das gerade heute erfüllen?
Warum nicht?

Die Sterndeuter waren verwirrt
Von den Unsicherheiten, dem Gezänk,
   den Diskussionen,
Wollten schon abreisen.
Halt, wartet einen Augenblick.
Geht nach Betlehem.
Wenn ein König geboren sein sollte,
Dann dort.
Steht in unserer Bibel.
Aber sicher weiß ich das nicht.
Suchet.
Forscht nach.
Findet.
Meldet euch wieder.
Denn ich will dann auch nach Betlehem reisen,
Mir den neuen König genau betrachten.
Ausführlich.
Die Sterndeuter verließen Jerusalem.

Hoch zu Ross.
Hoch zu Kamel.
Von oben kann man gut Ausschau halten.
Sie folgten dem Stern.
Der sehr hell leuchtete,
Sodass man ihn am Tag und in der Nacht sehen konnte.
Nicht aus den Augen zu verlieren.
Ein gutes Ziel.
Sie ritten.
Die Diener marschierten.
Pferde zogen den Proviantwagen.
Der Stern bewegte sich.
Ihm nach.
Tag für Tag.
Schließlich blieb er stehen.
Er ruhte.
Unbeweglich.
Über Betlehem.
Über einem Stall am Rand von Betlehem.
Freude.
Jubeln.
Wir haben es geschafft.
Absitzen.

Die Diener hielten die Tiere fest an den Leinen.
Die Weisen traten ein. In den Stall.
Entschuldigung.
Wir sind Weise.
Sterndeuter.
Kommen aus dem Morgenland.
Bist du der neue König?
Josef sagte: Nein, ich nicht.
Das Kind.
Unser Jesus.
Wahrscheinlich. Viele halten ihn für einen König.
Für uns war er nur ein Baby.
Unser Kind.
Nun gut.
Die Weisen knieten nieder.
Halleluja.
Hoch soll der kleine König leben.
Wir haben Geschenke dabei.
Gold, Weihrauch und Myrrhe.
Reichlich.
Jetzt seid ihr reich.
Wollten wir doch gar nicht.
Wir wollten nur glücklich sein.
Das seid ihr.

Wer einen König geboren hat.
Unehelich.
Das spielt jetzt keine Rolle mehr.
Vielleicht vom Heiligen Geist gezeugt.
Wenn ich diesen Kerl erwische.
Sie lagerten neben dem Stall, hatten ihre Zelte aufgestellt.
Prächtiger als der Stall.
Aber sie erniedrigten sich.
Nicht um uns geht es.
Nur um dich,
Du kleiner König.
Vor dir liegt noch das Leben.
Dieses wird die Menschheit verändern.
In der Nacht,
Sie schlummerten in ihren Schlafsäcken,
Hatten sie einen Traum.
Jeder hatte den gleichen Traum.
Kehrt nicht zu Herodes zurück.
Sagte jemand, vermutlich ein Engel.
Oder eine Traumgestalt.
Das konnten sie nicht genau beschreiben.
Doch der Traum blieb in ihren Köpfen
Hängen.

Unvergesslich.
Sie rieben sich die Augen.
Versuchten klar zu blicken.
So verabschiedeten sie sich.
Und zogen auf anderen Wegen weiter.
Das war nicht schwer.
Es gab viele Wege
In Judäa.
Man konnte sich auch dort bewegen,
    wo es keine Wege gab.
Holprig.
Und staubig.
Es dauerte noch lange Zeit,
Wochen.
Ohne Flugzeug, ohne Auto.
Bis sie wieder nach Hause kamen,
Um ihrem Kaiser Bericht zu erstatten.

Flucht nach Ägypten

Josef wollte zurück nach Nazaret.
Es war gezählt worden.
Die Listen des Kaisers stimmten.
Die Zähler waren zufrieden.
Josef packte alles zusammen.
Hatte sich vom neuen Reichtum
    einen Esel gekauft.
Auf ihm konnte man das Gepäck festschnallen,
Mutter und Kind sitzen,
Ruhen.
Bequem reisen.
Mitten im Aufbruch erschien ein Engel.
Er wurde bei Josef vorstellig.
Josef hatte bereits Erfahrung mit Engeln.
Daher keine Überraschung.
Engel, was willst du?
Nazaret geht leider nicht.
Du kannst nicht zurück.
Warum?
Warum?
Ich möchte nach Hause zu meiner Familie.
Wir waren jetzt lange unterwegs.

Fort von zuhause.
Es geht nicht.
Herodes sucht das Kind.
Er wird es töten.
Mein Kind? Meinen Jesus?
Der kann doch keiner Fliege was zuleide tun.
Ein kleines Kind.
Unschuldig.
Der Engel sagte:
Ich weiß das. Aber so sind die Menschen.
Du musst jetzt fliehen.
Am besten nach Ägypten.
Raus aus der Schusslinie.
Also gut.
Hurry up.
Beeil dich.
So machte sich Josef mit Maria und Jesus
Und mit einem Esel
Auf den Weg nach Ägypten.
Über diese Flucht
Wird nicht viel berichtet.
Es müssen auf der ganzen Welt
Viele Menschen
Gestern, heute und morgen

Fliehen.
Warum?
Weil sie anderen nicht passen.
Weil ihr Leben bedroht ist.
Gott gibt den Rat: Flieht.
Hätte er es auch anders lösen können?
Sicherlich.
Aber er machte es nicht.
Warum?
Auf diese Frage gibt es keine menschliche Antwort.
Leider kennen wir auch die göttliche nicht.
Warum bleibt warum.

Die Jesus-Familie blieb in Ägypten,
   bis Herodes starb.
Die Zeitspanne war kurz.
Es scheint,
Als habe sich Jesus unterworfen.
Vor Herodes gekuscht.
Gott wollte es so.

Herodes war nicht blöd.
Er stellte fest, dass die Sterndeuter ihn
   getäuscht hatten.

Er ärgerte sich und brüllte im Palast herum.
Er befahl den Wachen, zu kommen, anzutreten.
Holt eure Waffen.
Geht nach Betlehem.
Ein Befehl.
Tötet alle Knaben im Alter von null bis zwei Jahren.
Nehmt keine Rücksicht.
Kein Erbarmen.
Entreißt die Knaben ihren Müttern.
Ein Befehl.
Warum befolgen andere dem Befehl?
Warum kann so ein Befehl ausgesprochen werden?
Warum?
Auf diese Frage gibt es keine menschliche Antwort.
Leider kennen wir auch die göttliche nicht.
Warum bleibt warum.

So geschah es.
Herodes blieb in Jerusalem, aß und trank
Mit großem Genuss.
Seine Garde fiel in Betlehem ein und tötete.
So stand es schon beim Propheten Jeremia:
Großes Geschrei.
Lautes Weinen und Klagen.

Rahel weint um ihre Kinder.
Vergeblich.
Sie waren dahin.
Soldaten tun, was Soldaten tun müssen.
Warum?
Abschlachten.
Befehle ausführen.
Kein Gewissen notwendig,
    denn man führt nur Befehle aus.
So lebt es sich einfach.
Tatsächlich.
Hatten die Soldaten keine Alpträume?
War es nicht ihr Herzblut, das sie vergossen?
Brauchten sie später eine psychotherapeutische
    Behandlung?
Auf der Couch …
Konnten sie das jemals vergessen?
So endet Weihnachten.

Was danach geschah

Als wieder Friede war im Land,
   keine Krise,
   die Kindermorde vergessen ...
Eine Unmöglichkeit.
Keine Mutter wird vergessen, wenn ihr
   das Kind entrissen wird,
   von einem Schwert durchbohrt.
Ein letzter Schrei.
Dann entweicht das Leben.
Wir müssen fragen,
Warum Gott dies zuließ.
Rettete er seinen Sohn und opferte er
   die anderen Kinder von Betlehem?
Die Frage ist vielleicht ungehörig.
Aber sie ist auch heute noch zu stellen.
Kinder werden in allen Kriegen getötet.
Ohne Rücksicht.
Berüchtigt waren die Roten Khmer,
   aber auch andere.
Manche Historiker sind der Meinung,
Dass es diesen Kindermord gar nicht gab.
Fake.

Darüber könnten wir uns freuen.
Wie auch immer.
Was in Betlehem geschah, hatte kaum eine
    Auswirkung auf das sonstige Land.
Die Nachrichten verbreiteten sich nur langsam.
Keine E-Mail, kein Telefon, kein Twitter.
In Jerusalem ging das Geschäft weiter.
Die Bauern pflanzten und säten auf ihren Feldern.
Die Fischer angelten nach Fischen.
Alles schien wie immer zu sein.
Die Welt nahm kaum Notiz vom Stern
    über dem Stall.
Die Jesus-Familie folgte den Traditionen.
Die Eltern ließen ihren Sohn,
Den kleinen Jesus,
Beschneiden.
Eine solche Beschneidung bedeutet
Den Eintritt in die jüdische Gemeinschaft,
Symbolisiert den Bund zwischen Gott
    und den Juden.
In Jesu Fall wohl überflüssig,
Denn er war ja selbst Gott.
Das wusste jedoch noch niemand
Sie bestätigten seinen Namen: Jesus,

Welcher genannt war von dem Engel,
Ehe er im Mutterleib empfangen war.
Nach den Tagen der Reinigung,
Vorgeschrieben nach dem Gesetz des Mose,
Brachten sie ihn hinauf in den Tempel
Und opferten ein Paar Turteltauben,
Wie es im Gesetz des Herrn festgelegt war.
Die Turteltauben freuten sich ihrer Freiheit,
Flogen unbekümmert jauchzend in den Himmel,
Bis der hungrige Adler auf sie herniederstieß
   und sie fraß.
Wie in der Natur vorgesehen.

Nach dieser Beschneidungs-Zeremonie
Kehrte die Jesus-Familie nach Nazaret zurück.
Das Kind aber wuchs und wurde stark,
Voller Weisheit,
Und Gottes Gnade lag auf ihm.